AF201265

Anonymous

## Die Donau von Turn-Severin bis Semlin-Belgrad

aus Anlass der Reise ihrer K.u.K. Hoheiten des Kronprinzen und der

Kronprinzessin

Anonymous

**Die Donau von Turn-Severin bis Semlin-Belgrad**
*aus Anlass der Reise ihrer K.u.K. Hoheiten des Kronprinzen und der Kronprinzessin*

ISBN/EAN: 9783743476646

Hergestellt in Europa, USA, Kanada, Australien, Japan

Cover: Foto ©ninafisch / pixelio.de

Weitere Bücher finden Sie auf **www.hansebooks.com**

# TOPOGRAPHISCH-HISTORISCHE NOTIZEN.

# DIE DONAU

VON

# TURN-SEVERIN BIS SEMLIN-BELGRAD

AUS ANLASS DER REISE

IHRER K. U. K. HOHEITEN

DES

KRONPRINZEN UND DER KRONPRINZESSIN

ZUSAMMENGESTELLT

IN DER ABTHEILUNG FÜR KRIEGSGESCHICHTE
DES K. K. KRIEGS-ARCHIVS.

WIEN 1884.

VERLAG DES K. K. GENERALSTABES.

# Benutzte Quellen.

1. Die Donau von ihrem Ursprunge bis an die Mündung, von A. F. Heksch. 1881.

2. Publicationen des Donau-Vereines, betreffend die Regulirung des „Eisernen Thores". Wien 1880.

3. Mittheilungen des k. k. Kriegs-Archivs, Jahrgang 1878 und 1881.

DRUCK VON R. v. WALDHEIM IN WIEN.

# Die Donau von Turn-Severin bis Semlin.

## (Siehe Tafel I.)

**D**ie hier in Betracht kommende Strecke der Donau ist nicht nur reich an Naturschönheiten, sondern auch in topographischer und historischer Beziehung von hohem Interesse.

Wir beginnen mit

**Turn-Severin** (Turnu-Severinu), ungarisch Szörény-Tornya, lange Zeit hindurch eine Grenzfestung des ehemaligen Severiner Banates, ist heute eine aufstrebende Handelsstadt von circa 8000 Einwohnern, Sitz eines österreichisch-ungarischen Consulates, Eisenbahn- und Schifffahrtsstation.

Die Donau-Dampfschifffahrts-Gesellschaft besitzt hier eine Agentie, eine Schiffswerfte und eine Maschinen-Werkstätte.

**Die Trajan's-Brücke.** Bei Turn-Severin sieht man noch die Reste der grossartigen, vielbewunderten Trajan's-Brücke.

Erbaut im Jahre 103 n. Ch. von dem berühmten Architekten Apollodorus Damascus, übersetzte sie (nach Dio-Cassius) auf 20 Pfeilern die Donau, deren jeder sich 150 römische Fuss über dem Grunde erhob, 60 Fuss breit und von dem nächsten Pfeiler 170 Fuss entfernt war.

1*

Trajan's Nachfolger Hadrian liess die Brücke aus politischen Gründen wieder zerstören.

**Kladovo.** Eine Viertelstunde stromaufwärts liegt am serbischen Ufer der Ort Kladovo mit 1500 Einwohnern, und 600 Schritt oberhalb desselben, hart an der Donau, die Festung Kladovo, türkisch Fet-ul-islam (Sieg des Islams), welche auf den Ruinen der römischen Veste „Egeta" erbaut ist. Die Festung besteht aus einer bastionirten Umwallung und einem gemauerten Reduit mit 6 Thürmen.

Die Werke sind verwahrlost, die ehemalige türkische Stadt innerhalb der Wälle ist bis auf einige zum Militärbelage geeignete Baulichkeiten demolirt.

Die Stadt Kladovo ist Dampfschifffahrtsstation.

Die Stadt wie Fet-ul-islam waren wiederholt in den Händen der Österreicher, 1739 kamen sie wieder in türkischen Besitz.

**Die grosse Stromenge** zwischen Kladovo und Baziás. Bei Kladovo beginnt nun jene grossartige, an Naturschönheiten so reiche Stromenge, welche allgemein unter dem Collectivnamen des „Eisernen Thores" bekannt ist.

Eingeengt von den Ausläufern der transsilvanischen Alpen und der serbischen Gebirge, durchläuft der mächtige Strom von Baziás an ein 120 $km$ langes Defilé, um erst nach Passirung der Strombarrière des „Eisernen Thores" (im engeren Sinne) wieder seiner Fesseln entledigt, sich frei zu entfalten.

Bewaldete Berge und steil aufragende Felsen, nur selten unterbrochen von bebauten Flächen, — Ortschaften wechselnd mit Ruinen, den Zeugen vergangener Grösse, begleiten die Ufer des herrlichen Stromes und schaffen so ein Panorama, das durch seine reizvollen Scenerien mit Recht die Bewunderung des Reisenden hervorruft.

Der Schiffer aber gedenkt nur der Gefahren, die seiner drohen, — der Stromschnellen und Klippen.

Seit Jahrtausenden arbeitet die Donau an der Bildung ihres Bettes; die zahlreichen Stromschnellen aber, hervorgerufen durch aus der Tiefe des Stromes aufragende Klippen, bekunden, dass die Arbeit noch unvollendet ist.

Diese Stromschnellen — neun an der Zahl — bilden das hauptsächlichste Hinderniss eines geregelten Schiffsverkehres.

Schon die Römer haben mit bewunderungswürdiger Thatkraft und Geschicklichkeit an der Überwindung dieser Hindernisse gearbeitet.

Bei dem serbischen Dorfe Sip erkennt man noch ohne Mühe die Spuren sehr starker und langer Dämme zur Regulirung der Stromschnelle des „Eisernen Thores".

**Trajan's-Weg.** Weiters erbauten die Römer einen längs des rechten Ufers durch alle Engen des Stromes sich hinziehenden Saumpfad, welcher theils in den Felsen gesprengt, theils, wo dies unthunlich war, auf vorragenden Balken geführt wurde.

Dieses gewaltige Werk, unter den früheren Kaisern begonnen, wurde im Jahre 101 n. Ch. von Trajan vollendet. Hierauf bezieht sich auch die gegenüber Alt-Ogradina in den Felsen gemeisselte Inschrift, die „Trajan's - Tafel", das Wahrzeichen einer gewaltigen Zeit.

**Széchenyi-Strasse.** 1700 Jahre später, in den Jahren 1830—1834, wurde längs des linken Ufers, über Betreiben des Grafen Stefan Széchenyi, durch den Ingenieur Paul Vásárhelyi die berühmte Széchenyi-

Strasse — das würdige Gegenstück zum alten Römer-
wege — erbaut.

Durch die beckenartigen Erweiterungen von
Alt-Orsova und D.-Milanovac wird das ganze Strom-
Defilé in drei Abschnitte getheilt, innerhalb welcher
die Berge sehr nahe an den Strom herantreten und
diesen stellenweise auf 200 m und darunter einengen.

Diese Abschnitte sind:

1. Das „Eiserne Thor", im engeren Sinne, zwischen Cecerac und Neu-Orsova;

2. die „untere Klissura" oder der Kazan-Pass,
zwischen Alt-Orsova und D.-Milanovac;

3. die „obere Klissura" zwischen Greben und
Dobra.

**Das Eiserne Thor.** (Siehe Skizze auf Taf. I.) Bei
Sip beginnt die 2·5 km lange Stromschnelle des „Eisernen
Thores" (türkisch Demir kapu, serbisch Gyerdap) mit
der grossen Klippe Prigrada.

Diese drängt durch ihre Lage das Wasser an
das linke Ufer und bildet hier einen 114 m breiten
und 49 m tiefen Canal, in den die Wassermassen mit
einer Geschwindigkeit von 4·5 m hineinstürzen, zahl-
lose Wirbel und Gegenbrandungen bildend.

Die Stromschnelle des Eisernen Thores ist die
gefährlichste Stelle des ganzen Defilé's.

Vergebens waren bisher alle Anstrengungen,
dieses Verkehrshinderniss zu beseitigen, und es lässt
sich nur wünschen, dass noch dem XIX. Jahrhunderte
gelingen möge, was den verflossenen Jahrhunderten
nicht geglückt war.

Bei dem Dorfe Sip steht knapp an der Donau
eine von den Serben 1862—1863 zur Bestreichung
der Stromschnelle erbaute Strandbatterie.

**Verciorova.** Bei der Eisenbahn- und Schifffahrtsstation Verciorova an der Bahna-Mündung, überschreitet der Reisende die österreichisch-ungarische Grenze.

**Neu-Orsova** oder **Ada Kaleh**. (Siehe Skizze Taf. I.) Sowie man sich Verciorova nähert, erblickt man in der Ferne auf einer Insel, mitten im Strome gelegen, die Festung Neu-Orsova oder Ada Kaleh, die jüngst erworbene Vorwacht unseres mächtigen Vaterlandes. Die Insel ist $1\frac{1}{2}km$ lang und $300m$ breit. Die Festung besteht aus einem bastionirten Vierecke mit Aussenwerken und casemattirten Courtinen. Gegen Osten und Westen liegen der Festung Werke vor, welche mit dieser ehemals durch einen gedeckten Weg verbunden waren.

Im Innern der Festung befinden sich türkische Wohngebäude und Casernen und auf dem freien Raume zwischen der Festung und dem östlichen Vorwerke der Ort Ada Kaleh.

Vier Thore vermitteln den Verkehr mit dem Aussenfelde.

Zur Vervollständigung der Stromsperre war von den Österreichern, circa 1720, am rechten Ufer gegenüber Ada Kaleh das Fort Elisabeth erbaut worden, von dem gegenwärtig nur noch ein mit Schlingpflanzen überzogener Trümmerhaufen übrig ist.

Historisches. Nach dem herrlichen Siege bei Slankamen, den Markgraf Ludwig von Baden am 19. August 1691 über die Türken erfochten hatte, wurden von den Kaiserlichen einfache Verschanzungen auf der Insel angelegt, die aber den Angriffen der Türken nicht widerstehen konnten.

Auf Betreiben des G. d. C. Gr. Veterani ertheilte Kaiser Leopold noch im selben Jahre die Genehmigung zur Befestigung der Insel im permanenten Style. Die Arbeiten kamen jedoch nicht über das erste Stadium hinaus und wurden gänzlich eingestellt, als Ada Kaleh im Frieden von Karlovic, 25. Jänner 1699, der Pforte zugesprochen ward.

Die Türken, die Wichtigkeit der Insel erkennend, setzten die von den Kaiserlichen begonnene Befestigung insoferne fort, als sie 1716 je eine viereckige, bastionirte Redoute auf der Insel und auf beiden Ufern erbauten.

Durch den Frieden von Passarowitz, 21. Juni 1718, kam Ada Kaleh wieder an Österreich.

Nunmehr nahm G. d. C. Graf Mercy die Befestigung der Insel energisch in die Hand und gab ihr jene Form und Ausdehnung, wie sie noch heute besteht.

Zur besseren Absperrung der Donau wurde, wie erwähnt, am rechten Ufer das Fort Elisabeth erbaut.

Ihre erste Feuerprobe bestand die neu erbaute Festung in dem Feldzuge des Jahres 1738.

Am 12. Mai erschien der Seraskier Mehemed Pascha auf dem rechten Donau-Ufer und begann die Belagerung der Inselfestung, welche am 29. Mai auch am linken Ufer durch den von Mehadia rückkehrenden Hadschi Mohamed cernirt wurde.

Die Besatzung der Festung und des Forts Elisabeth, unter dem Obersten Kehrenberg, bestand aus kaum 2000 Mann mit 120 meist leichten Geschützen.

Infolge des Sieges der Kaiserlichen bei Kornia (nördlich Mehadia, am 4. Juli) hoben die Türken die Belagerung auf und zogen so eilig ab, dass sie ihr gesammtes Geschütz zurückliessen.

Doch schon sechs Tage später, nachdem sie sich von ihrem Schrecken erholt hatten, erschienen sie wieder

vor Ada Kaleh und begannen es aus 160 Kanonen
zu beschiessen. Die Verhältnisse in der Festung waren indessen
sehr misslich geworden.

In der kurzen Zwischenzeit konnten weder die
Besatzung gewechselt, noch die Proviant-Vorräthe
erneuert werden, und so sah sich denn Kehrenberg
gezwungen, mit der auf 800 Mann geschmolzenen
Besatzung am 14. August 1738 gegen freien Abzug
zu capituliren.

Nach der Eroberung von Belgrad (8. October 1789)
entsandte Feldmarschall Loudon den General Wartens-
leben mit 10.000 Mann, um Ada Kaleh zu cerniren.
Ende October folgte ihm Loudon mit der Armee und
schlug sein Lager am Berge Allion auf. Durch vier
Tage wurde nun Ada Kaleh, jedoch ohne jeden Erfolg,
bombardirt. Da auf eine Bezwingung der Festung
auch durch ein fortgesetztes Bombardement nicht zu
rechnen war, das Hereinbrechen des Winters aber
dringend zum Rückzuge aus den devastirten Districten
mahnte, so hob Loudon die Belagerung auf und liess
nur ein kleines Beobachtungs-Corps unter Oberst
Graf Auersperg zurück.

Nach fünfmonatlicher Blokade capitulirte die
2000 Mann starke Besatzung am 16. April 1790
gegen freien Abzug.

Im Frieden von Sistovo, 4. August 1791,
wurde Ada Kaleh wieder der Pforte zurückgegeben.
Die Festung schien für immer verloren, als am
25. Mai 1878 k. k. Truppen das stolze Banner
Österreichs abermals auf den Wällen Ada Kaleh's
aufhissten, zum Zeichen der im Einvernehmen mit
der Pforte erfolgten Besitzergreifung.

**Alt-Orsova.** Unweit der Černa-Mündung liegt die kleine Stadt Alt-Orsova mit circa 2000 Einwohnern. Eisenbahnstation, Dampfschifffahrts-Agentie, königlich ungarisches Grenz-Hauptzollamt, Bezirks- und Stuhlrichteramt, Forstverwaltung, Telegraphen-, Steuer-, Post- und Strom-Ingenieur-Ämter.

**Kron-Capelle.** Im Jahre 1849 vergrub Kossuth, welcher gewahrte, dass die Türken in Verciorova alle Flüchtlinge genau durchsuchten, die in einer eisernen Kiste verwahrten ungarischen Kron-Insignien am Fusse des Berges Allion.

Den unermüdlichen und scharfsinnigen Nachforschungen des Major-Auditors Titus von Karger gelang es endlich, am 8. September 1853 den Versteck aufzufinden.

Genau über dem Fundorte erhebt sich nun die im Jahre 1855 über Befehl Sr. Majestät erbaute Kron-Capelle.

**Historisches.** Wo sich jetzt die Stadt Alt-Orsova erhebt, stand einstens die römische Colonie Tierna.

In den folgenden Jahrhunderten sehen wir den Ort Orsova abwechselnd im Besitze der Bulgaren, Hunen und Avaren.

Seine Lage an der Abzweigung der durch das grosse Donau-Defilé nach Norden abgelenkten Verkehrslinie, verschafften ihm, als Sperrpunkt derselben, eine grosse Wichtigkeit.

Dementsprechend war auch Orsova schon zu Ende des XIV. Jahrhunderts, als es vom König Sigismund von Ungarn erobert wurde, ein wohlbefestigter Ort.

Die Osmanen, die Wichtigkeit der durch das Černa-Thal führenden Verkehrslinie erkennend, wandten sich nach dem Falle Belgrads gegen Orsova, das sie auch im März 1522 eroberten.

Mit geringen Unterbrechungen verblieb nun Alt-Orsova durch 269 Jahre im Besitze der Türken, während welcher Zeit es mehrmals geschleift und wieder aufgebaut wurde.

Prinz Eugen von Savoyen, entschlossen, die schon vom G. d. C. Veterani bei Orsova geplante Donausperre durch eine imponirende Befestigung der Insel herzustellen, entsandte noch im November 1716 ein kleines Corps unter dem G. d. C. Graf Mercy nach Alt-Orsova, um diesen Ort wegzunehmen.

Mercy erstürmte zwar die Palanka, konnte sie aber wegen des verheerenden Feuers der feindlichen Schiffe und der Batterien am rechten Donau-Ufer nicht behaupten.

Nach der denkwürdigen Schlacht bei Belgrad (16. August 1717) räumten die Türken Alt-Orsova, das im Frieden von Passarowitz (21. Juni 1718) an Österreich fiel.

Der unglückliche Ausgang des Feldzuges 1739 brachte auch Alt-Orsova wieder in den Besitz der Türken.

Die hierauf bezüglichen Bestimmungen des Friedens-Vertrages von Belgrad, sowie deren Durchführung sind interessant genug, um hier kurz erwähnt zu werden.

Der Artikel V dieses Vertrages bestimmte, dass das ganze Banat, mit Ausnahme der Ebene zwischen Bahna, Černa und Donau, bei Österreich verbleiben solle. Sollte es jedoch den Türken binnen Jahresfrist gelingen, die Černa derart abzuleiten, dass sie westlich Orsova in die Donau mündet, so fällt dieser Ort an die Türkei.

Gelingt die Ableitung binnen einem Jahre
nicht, so erlischt das Recht der Pforte auf Alt-
Orsova.

Und sie gelang auch nicht; denn erst einen
Monat nach Ablauf der bedungenen Frist konnte
man das Wasser der Černa in den Canal einleiten,
aber nur in so geringer Menge, dass es alsbald im
Sande verlief.

Österreich erhob sofort seine Ansprüche auf Orsova, als der Tod Kaiser Carl VI. eine gänzlich
veränderte Situation schuf.

Maria Theresia, von allen Seiten bedrängt,
musste sich zu dem Vergleiche vom 2. März 1741
entschliessen, durch welchen die Pforte definitiv in
den Besitz von Alt-Orsova gelangte.

Was Österreich hier nothgedrungen von seinem
Gebiete abtreten musste, erhielt es fünfzig Jahre
später und für immer zurück.

Am 9. Februar 1788, dem Tage der Kriegs-
erklärung an die Pforte, überfiel der kaiserliche
General Papilla die Palanka von Alt-Orsova und
nahm sie mit Sturm.

Zwar gelang es den Türken, sich wieder dieses
Ortes zu bemächtigen; allein nach der Niederlage,
die sie hier am 29. August 1789 durch den General
Vécsey erlitten, räumten sie, und diesmal für immer,
Alt-Orsova.

Im Frieden von Sistovo, 4. August 1791, kam
Alt-Orsova an Österreich, bei dem es nunmehr verblieb.

**Tekija** (Serbien) vis-à-vis von Alt-Orsova, circa
1000 Einwohner, Post-, Telegraphen- und Zollamt,
Überfuhr nach Orsova, Überreste eines römischen
Castells.

**Die untere Klissura oder der Kazan-Pass.** Bei Alt-Ogradina verengt sich der bis dahin 500 bis 600$m$ breite Strom und es beginnt die Stromenge der „unteren Klissura" oder des „Kazan-Passes", wohl die grossartigste, an pittoresken Sccnerien reichste Partie der ganzen Donau. Himmelanstrebende Felsen von 500—600$m$ Höhe engen hier den gewaltigen Strom bis auf 165$m$ ein, bei einer Tiefe von 60$m$. **Die Veterani-Höhle.** Knapp hinter dem Dorfe Dubova erhebt sich das Massiv des Sukar mare-Berges, welcher in seinem Innern die berühmte, später nach dem kaiserlichen Feldmarschall Veterani benannte Höhle Piscabara enthält. Diese Höhle, deren Eingang 20$m$ ober der Thalsohle liegt, ist 30$m$ lang, 22$m$ breit und 19$m$ hoch und erhält ihr Licht durch den Eingang und eine ovale, am Rücken des Berges mündende Öffnung. Das Innere der Höhle ist kalt und nass, so dass ein längerer Aufenthalt darin sehr ungesund ist. **Historisches.** Wer auf der Reise durch den Kazan-Pass an der denkwürdigen Veterani-Höhle vorüberfährt, möge sich erinnern an die heroische Tapferkeit und Ausdauer, mit der in vergangenen Zeiten Österreichs Krieger diesen ihnen anvertrauten Posten vertheidigten.

In dem Feldzuge 1692 gegen die Türken versuchte der kaiserliche G. d. C. Graf Veterani, da eine Entscheidung über die Befestigung Neu-Orsova's nicht sobald zu gewärtigen stand, die Sperrung der Donau dadurch zu erzielen, dass er das Ufer unterhalb der Felsenhöhle Piscabara verschanzen und besetzen liess.

Die Wichtigkeit derselben, richtiger der Örtlichkeit überhaupt, lag darin, dass sie den hier sehr engen Strom sperrte und dass die Schiffe nur an dieser Stelle landen konnten.

G. d. C. Veterani entsandte im Monate April den Hauptmann Baron Arnau mit 300 Mann und 5 Kanonen zur Besetzung der Höhle.

Arnau, sich im Rücken durch den steilen und für ungangbar gehaltenen Berg gesichert glaubend, errichtete nur auf den Erhöhungen zwischen der Donau und dem Fusse des Sukar mare Redouten.

Vergebens versuchten die Türken, mit ihren Schiffen an denselben vorbeizukommen und wandten alles Mögliche an, um die Kaiserlichen aus ihren Verschanzungen zu vertreiben.

Umsonst, ihre Anstrengungen scheiterten an der heroischen Tapferkeit der Besatzung.

Da gelang es Albanesen, den Sukar mare mit Steigeisen zu erklimmen und durch das Herabwälzen von Felsstücken die in den Schanzen stehenden Vertheidiger zum Rückzuge in die Höhle zu zwingen.

Die Türken besetzten sofort die Redouten und beschossen nun den Eingang zur Höhle vom rechten Ufer aus. Ungeachtet dessen hielt die Besatzung tapfer aus. Erst der Mangel an Munition und Lebensmitteln, ferner einreissende Krankheiten, bestimmten Arnau, nach 45tägiger heldenmüthiger Vertheidigung am 5. Juni zu capituliren.

Bei Ausbruch des Krieges 1788 gegen die Türken wurde Hauptmann Machovatz mit 1 Compagnie, einer Abtheilung Scharfschützen und 10 Kanonen zur Besetzung der Veterani-Höhle beordert.

Nach dem unglücklichen Treffen von Supanek (bei Alt-Orsova) am 7. August 1788 hatte sich ein Bataillon gegen die Veterani-Höhle zurückgezogen.

Der Commandant desselben, Major Stein, erbaute am Nordabhange des Sukar mare 13 Redouten und besetzte sie mit seinem Bataillone.

In der Nacht auf den 11. August wurde Stein von circa 10.000 Türken angegriffen und nach einem äusserst hartnäckigen Kampfe, in welchem die Kaiserlichen 450 Mann, die Türken aber 2000 Mann verloren hatten, gezwungen, sich mit dem Reste in die Verschanzungen der Veterani-Höhle zurückzuziehen.

Durch 20 Tage bestürmten nun die Türken mit Heftigkeit die Redouten, aber ohne allen Erfolg.

Endlich bewogen der Mangel an Munition und Lebensmitteln, dann Krankheiten den Major Stein, am 30. August gegen freien Abzug der Besatzung zu capituliren.

Eine halbe Stunde vor Plavisevica endet die untere Klissura mit der Stromschnelle Kazan. (2.)

Nunmehr erweitert sich allmälig der Strom und wir erreichen bei Golubinje das Becken von Dol.-Milanovac.

Wo die Donau eine Wendung von Westen nach Norden macht, gegenüber der Porečka-Mündung, liegt die (3.) Stromschnelle Juc.

Die Donau ist hier 830 m breit und fliesst mit einer Geschwindigkeit von 1·2—3·4 m.

Hat man die Stromschnelle passirt, so erblickt man am linken Ufer auf steilem Felsvorsprunge drei verfallene Thürme, die Reste der alten Donausperre Trikule.

**Dol.-Milanovac** war früher auf der Insel Poreč, wurde 1832 wegen Überschwemmungsgefahr, auf Anordnung des Fürsten Miloš, dort wo es heute steht,

erbaut. Kleines Städtchen mit circa 1200 Einwohnern,
Fischfang und Caviar-Fabrikation, Donau-Dampfschifffahrtsstation, Viehexport nach Österreich-Un-
garn, Überfuhr, Kirche, Schule, Post-, Telegraphen-
und Bezirks-Amt.

In der Nähe die Ruinen eines römischen Castells.

Seine grösste Breite innerhalb des Beckens
(2100m) erhält der Strom bei der serbischen Insel
Poreč, nachdem er unmittelbar vorher durch den weit
vorspringenden Felsen Greben und die Klippe Vrány
auf 220m eingeengt worden war.

Diese plötzliche Veränderung des Profiles verur-
sacht die Stromschnelle Greben (4).

Mit dieser beginnt die Stromenge der

**Oberen Klissura.** Es folgen nun rasch nachein-
ander die Stromschnellen Tachtalia (5) und
Izlaz (6).

Ehe man die noch in der Klissura liegende
Kohlenstation Drenkova erreicht, hat man die Stromschnellen Dojke (7) oder Buffalo- (Büffel) Gruppe
(sogenannt, weil die Felsen im Strome schwimmenden
Büffeln, die ihre Köpfe in die Höhe halten, ähneln)
und Kozla (8) oder Apa Serena zu passiren.

Bei Dobra endet die obere Klissura.

Ruhig fliesst nun die Donau, um nur noch einmal und dies das letztemal durch die Stromschnelle Sztenka (9), unweit Brnjica in ihrem
Laufe gestört zu werden.

Wir nähern uns nun dem Becken von Moldova,
in welchem der Strom die grosse Insel gleichen
Namens bildet.

Als steinerne Wächter des Defilé-Einganges
stehen beiderseits der Donau die Ruinen der ehe-

maligen festen Schlösser: Golubac und Lászlóvár, diese
Zeugen einer längst vergangenen, kampferfüllten Zeit.
**Ruine Golubac.** Golubac (ungarisch Galambócz,
türkisch Göngerdzsinlik, deutsch Taubenschlag) bildete
im Mittelalter einen wichtigen Stützpunkt der Donauposition [1]).

**Historisches.** 1391 wurde Golubac von dem
Sultan Bajazid mit Sturm genommen, jedoch noch im
selben Jahre von Peter Perényi zurückerobert.
1396 fiel die Veste wieder in die Hände der
Türken, in deren Besitz sie nunmehr verblieb.

Zur Abwehr der Osmanen liess König Sigismund 1396, Golubac gegenüber, vor Lászlóvár die
Donau-Redouten errichten.

**Babakai-Felsen.** Gegenüber der Ruine Lászlóvár
erhebt sich aus dem Strome die 6m hohe Säule
des Babakai - Felsens, an den sich vielerlei Sagen
knüpfen [2]).

---

[1]) Oberhalb der Ruine befindet sich die berüchtigte
Höhle, der Brutort der so gefährlichen Golubacer Fliegen,
welche schon den Römern unter dem Namen Oestron bekannt waren.

Diese Fliegen erscheinen gewöhnlich Ende April und
bilden bei ihrem Ausfluge wahre Wolken.

Als wirksames Schutzmittel gegen den tödtlichen Stich
dieses Insectes, bestreichen die Landleute die empfindlichen Körpertheile ihres Viehes mit Thoer, oder zünden
grosse Feuer an, zu welchem sich die Thiere instinctiv
flüchten.

[2]) Einer Sage nach soll der Felsen seinen Namen von
dem türkischen Worte Babakai (bereue) erhalten haben.

Die schönste Frau eines türkischen Aga's war mit
einem edlen Ungarn entflohen. Wuthentbrannt setzte ihnen
der Aga nach und es gelang ihm auch, sich der Entflohenen
wieder zu bemächtigen. Zur Strafe für ihr Vergehen liess

**Sperrung der Donau.** Im Feldzuge 1789 gegen die Türkei wurde die Sperrung der Donau bei Babakaj angeordnet und folgend durchgeführt: 1 Bataillon mit 3 Kanonen besetzte das linke Ufer gegenüber dem Felsen „Babakai"; je 1 Bataillon verschanzte sich auf dem Vranovac- (nördlich St. Helena) und Alibeg- oder Redouten-Berge (südlich St. Helena). Am Fusse des Alibeg standen in einer Batterie sechs 6-Pfünder.

6 Compagnien hielten den Ort Sikevica im Kamenica-Thale, 3 Compagnien die Orte Gorni und Dolnji Ljubkova besetzt.

**Colonie Coronini.** In der Nähe von Lászlóvár liegt die 1858 gegründete und nach dem FZM. Gr.Coronini benannte Colonie.

**Alt-Moldova** mit circa 1800 Einwohnern; war ehemals Festung, deren Werke jedoch zufolge des Belgrader Friedens 1739 geschleift wurden.

**Neu-Moldova.**[*] Eine halbe Stunde landeinwärts liegt Neu-Moldova, Montan- und Forstgut der österreichisch-ungarischen Staatseisenbahn-Gesellschaft.

Schon zu Römerzeiten hatte hier ein Kupferbergwerk und ein Bergamt bestanden.

**Gradište.** Gradište, am linken Ufer des Pek und an der Stelle des Standlagers der VII. römischen Legion Claudia gelegen, ist grösstentheils aus dem Materiale der früheren römischen Bauwerke erbaut, deren Ruinen noch sichtbar sind und bis hart an die Donau reichen.

---

der Aga sie auf jenem Felsen aussetzen. Babakai! waren seine letzten Worte, als er die Angefesselte verliess. In der folgenden Nacht wurde sie indessen von ihrem Geliebten wieder befreit. (Heksch, „Die Donau" etc. 1881.)

Die Einwohner (circa 2500) treiben Borsten-viehhandel. Grosser Weizenexport; Bezirks-, Telegraphen- und Postamt, schöne Kirche, Schule.

An der grossen serbischen Insel Kisiljevo vorbei, gelangt der Reisende an den Eingang des geschilderten, grossartigen Strom-Defilé's.

• An die Stelle von Felsen, Berg und Wald treten jetzt die von Gott gesegneten Fluren des Banates.

**Baziás.** Baziás, Endstation und ehemals Umschlagplatz der grossen Weltverkehrslinie, der österreichisch-ungarischen Staatseisenbahn-Gesellschaft, hat an Wichtigkeit durch die neue Eisenbahnlinie Budapest-Belgrad sehr verloren. Landungsplatz der Donau-Dampfschifffahrts-Gesellschaft.

Der Ort zählt nur wenige Häuser, und zwar: Bahnhof, ein Hôtel, Post-, Telegraphen- und Zollamt und einige Arbeiterhäuschen. In nächster Nähe ein griechisch-orientalisches Kloster. Starke Äquinoctial-Stürme, welche das Landen der Schiffe oft gefährden, ja unmöglich machen.

Historisches. Im Jahre 274 n. Ch. nahmen die Gothen diese Gegend in Besitz, wurden aber von den Hunen unter Rua wieder vertrieben.

Nicht weit von Baziás, an den Ufern der Nera, fand jene grosse Hunenschlacht statt, in welcher 30.000 Hunen fielen, unter ihnen auch Ellák, der Sohn Attila's.

Später bewohnten Gepiden diese Gegend, bis sie 576 von dem Longobarden-König Alboin und dem Hunen Chan Baján vertrieben wurden.

Im Jahre 666 liessen sich die Bulgaren hier dauernd nieder.

2*

Es kamen noch wiederholt Kämpfe in der Gegend von Baziás vor, von welchen jener des Palatins Belus gegen den griechischen Kaiser Emanuel im Jahre 1152 der bedeutendste war.

**Palanka**, Dorf, Ruinen römischer Bauten, einstens durch zahlreiche Palissaden gegen die Türken geschützt; wurde 1697 vom G. d. C. Graf Rabutin erstürmt.

**Ruine Rama.** Gegenüber Palanka blicken von einer felsigen Landzunge die Ruinen der alten serbischen Veste Rama weit in's Land hinein, die einst Zeuge des Todeskampfes kaiserlicher Soldaten gewesen.

Historisches. Im Feldzuge 1788 gegen die Türken war die Veste Rama von 23 Mann kaiserlicher Fusstruppen unter dem Lieutenant Baron Lopresti besetzt.

In der Nacht auf den 28. Juni griffen 4000 Türken mit 5 Kanonen das Schloss an.

Trotz ihrer Übermacht, gelang es den Türken erst nach dreistündigem Kampfe, in welchem Lopresti mit seinen Tapferen den Heldentod fand, sich der Veste zu bemächtigen. Rama ging in Flammen auf.

**Kostolac,** serbisches Dorf am linken Ufer der Mlava, unweit des Einflusses derselben in die Donau gelegen. Beiderseits der Mlava befinden sich die Ruinen der einst so prächtigen Donau-Capitale und Veste Viminacium. Sowohl Kostolac, als die umliegenden Ortschaften haben ihr Baumaterial von diesen römischen Überresten geholt.

**Insel Ostrovo.** Oberhalb Rama beginnt die 20 *km* lange und 1·5 bis 3 *km* breite Insel Ostrovo, deren

Bewohner lebhaften Fischfang und Caviar-Erzeugung betreiben.

**Semendria.** An den Mündungen der serbischen Flüsse Mlava und Morava vorbei, erreicht der Reisende die an der Jessava gelegene Stadt und Festung Semendria.

Die Stadt Semendria (serbisch Smederevo, ungarisch Szendrö) hat 5000 Einwohner, die Weinbau, sehr schwunghaften Getreide- und Schweinehandel treiben. Die Semendrianer Trauben, als Tafeltrauben besonders gesucht, sind in den letzten Jahren bis Berlin exportirt worden.

Die Phyloxera hat sich übrigens auch hier schon gezeigt und grossen Schaden angerichtet. Bedeutender Vieh- und Getreide-Export, Kreisbehörde, zwei Kirchen, Schulen, Donau-Dampfschifffahrtsstation.

Die Festung hat die Form eines Dreieckes, dessen Umfang durch eine crenelirte Mauer mit 24 viereckigen Thürmen und einem 6 m breiten Graben gebildet wird.

Von den Thürmen befinden sich 11 an der Stadtseite, 5 an der Donau, 1 an der nordwestlichen Ecke, 4 an der Jessava und 3 im kleinen Schlosse.

Gegenüber Semendria liegt die gleichnamige bewaldete Insel.

Historisches. Semendria, einstens die Residenz der serbischen Könige und Fürsten, steht auf den Trümmern der römischen Colonie Vinceja.

Die Festung wurde im Jahre 1435 von dem serbischen Fürsten Georg Branković erbaut.

Vier Jahre später, 1439, belagerte Sultan Murad II. mit 130.000 Mann Semendria, in welches sich Branković zurückgezogen hatte.

Es gelang diesem aber, zu entkommen und die Festung ergab sich nach dreimonatlicher Belagerung den Türken.

1717 eroberte Prinz Eugen von Savoyen Semendria, das durch den Frieden von Belgrad, 18. September 1739, wieder in den Besitz der Pforte kam.

Noch einmal, den 11. October 1789, fiel Semendria den Kaiserlichen in die Hände, um in dem Frieden von Sistovo, 4. August 1791, definitiv an die Türkei abgetreten zu werden.

Im Jahre 1805 erschlugen die Türken hier den Wojwoden Vuličević, worauf die Serben Semendria bombardirten und erstürmten.

**Grocka**, ein serbisches Städtchen von 1500 Einwohnern, steht an der Stelle des römischen Tricornium und ist der Sitz eines Bezirks-, Post- und Telegraphen-Amtes. Landungsplatz der Dampfschiffe. Dampfmühl- und Grundbesitz des serbischen Ministerpräsidenten Garašanin.

Historisches. Im Feldzugsjahre 1738 übersetzte die bei Belgrad versammelte kaiserliche Hauptarmee unter dem Feldmarschall Grafen Wallis am 8. Juni bei Grocka die Donau, um sich mit den siebenbürgischen und Banater Truppen zu vereinigen.

Die Schlacht bei Grocka am 22. Juli 1739. Auf die Nachricht, dass der Grossvezier mit 100.000 Mann auf Belgrad vorrücke, brach Feldmarschall Graf Wallis mit der 40.700 Mann starken kaiserlichen Hauptarmee am 17. Juli von Belgrad gegen die Morava auf, um die Position von Semendria vor den Türken zu erreichen.

Feldmarschall Graf Wallis marschirte aber so langsam vor, dass die Armee am ersten Tage nur bis Višnjica kam, wo sie auch den 18. und 19. verblieb, um das Corps Neipperg zu erwarten. Hier erfuhr man, dass 12.000 Türken (Vorhut) die Höhen östlich Grocka besetzt haben. Wallis beschloss, dieselben anzugreifen, bevor der Vezier mit seiner Hauptkraft herankomme.

Am 21. Juli 10 Uhr Vormittags brach die Vorhut, 14 Cavallerie-Regimenter, 18 Grenadier-Compagnien und 2 Geschütze, auf; Abends folgte ihr die Armee. Wallis mit der Vorhut-Cavallerie voraus, verlor die Verbindung mit der im Marsche vielfach aufgehaltenen Infanterie.

Am 22. Juli Früh stiess die Vorhut-Cavallerie auf den Gegner, welcher sich in dem coupirten Terrain eingenistet hatte. Um diese Zeit stand aber schon die gesammte türkische Armee auf den Höhen östlich Grocka aufmarschirt.

Die Cavallerie, durch das Terrain an der Entwicklung gehindert, musste regimenter- ja escadronsweise angreifen und erlitt dadurch ungeheure Verluste.

Die Vorhut bestrebte sich, ihre Stellung zu behaupten, um der folgenden Infanterie die Entwicklung zu sichern. Dieser heldenmüthige Kampf kostete den Kaiserlichen 154 Officiere und 2000 Mann.

Endlich traf die Infanterie ein. Nun entbrannte ein erbitterter Kampf. Wiederholt griffen die Türken mit blanker Waffe an, ohne den Kaiserlichen auch nur einen Zoll Bodens abzuringen.

Abends liess der Gegner von seinen Angriffen ab. Die Kaiserlichen behaupteten das Schlachtfeld.

Wallis, obwohl nicht geschlagen, zog sich am 23. nach Vinča und am 24. hinter die Eugen'schen „Retranchements" zurück.

Die Kaiserlichen hatten 356 Officiere und 5500 Mann, die Türken 8000 Mann verloren.

**Pancsova.** Nahe der Temes-Mündung liegt die Stadt Pancsova mit lebhaftem Getreide- und Schweinehandel, Bierbrauerei, Seidenspinnerei, Dampfmühlen, Stärkefabrik, Wagnereien. 17.000 Einwohner.

Historisches. Übergang der kaiserlichen Armee unter Prinz Eugen am 16. Juni 1717 über die hier geschlagene Schiffbrücke.

Treffen bei Pancsova am 30. Juli 1739. Fast gleichzeitig mit der türkischen Hauptarmee war der Seraskier Toss Mohamed mit 16.000 Mann über Orsova gegen Pancsova aufgebrochen, um in Flanke und Rücken der Kaiserlichen zu operiren.

Feldmarschall Graf Wallis, welcher nach der Schlacht bei Grocka über die Donau gegangen war, beschloss, mit der Armee bei Jabuka über die Temes zu rücken und den Feind bei Pancsova anzugreifen.

Am 30. Juli trat die Armee in 3 Colonnen von Jabuka den Weitermarsch an.

Halbwegs Pancsova griffen plötzlich türkische Reitermassen die rechte Colonne an, wurden aber geworfen.

Die Mittel-Colonne war eben in der Entwicklung begriffen, als ein türkischer Reiterhaufen ihre Front durchbrach, während gleichzeitig andere feindliche Abtheilungen im Rücken erschienen.

Jetzt aber wurden die feindlichen Reiter von allen Seiten angegriffen und fast ganz zusammengehauen.

Als Wallis vor Pancsova erschien, waren die Türken bereits abgezogen.

Während der Belagerung Belgrads im Jahre 1789 liess Feldmarschall Loudon zur Verbindung mit dem linken Ufer bei Pancsova, aus 132 Schiffen eine Brücke über die Donau schlagen, die am 16. September begonnen und am 17. September vollendet war.

**Semlin** (Zemun), im Mittelalter Zeugmina, in der Römerzeit Taurunum genannt, besteht aus der inneren Stadt und den Vorstädten Franzensthal und Josephstadt. Semlin zählt 1982 Häuser mit 12.148 Einwohnern, die einen lebhaften Handel treiben.

Gegen die Landseite zu ist die Stadt mit einer crenelirten Mauer umgeben.

Südwestlich Semlin befindet sich die noch gut erhaltene Eugen-Schanze.

Am Zigeuner-Berge sieht man die Ruinen des Schlosses Johann Hunyady's. Eisenbahn-Grenzstation. Lebhafter Local-Schiffverkehr mit Belgrad und Panscova.

Die Dampfschifffahrts-Gesellschaft besitzt hier eine Hauptagentie und eine schwimmende Maschinen-Werkstätte.

Historisches. Auf ihrem Zuge in das heilige Land lagerten hier im Jahre 1096 die Kreuzfahrer und liessen sich vielerlei Ausschreitungen zu Schulden kommen.

Die Bewohner Semlin's erbost darüber, verjagten die Kreuzfahrer.

Peter v. Amiens erschien noch im selben Jahre mit 40.000 Mann vor Semlin, erstürmte die Stadt und brannte sie zur Strafe nieder.

1152 wurde Semlin von dem griechischen Kaiser Emanuel Komnenus, 1166 von den Ungarn und 1168 abermals von den Griechen erobert.

Am 12. Juli 1521 erstürmte die Vorhut Soliman's unter Piri Pascha Semlin.

1688 übersetzten Kurfürst Max Emanuel, und 1693 der Herzog v. Croy mit ihrer Armee hier die Donau.

1739 siedelten sich die aus Belgrad vertriebenen Serben in Semlin an.

# Belgrad.

## I. Topographie.

(Siehe Tafel II.)

**B**elgrad, das „Griechisch Weissenburg" des Mittelalters, steht an der Stelle der römischen Colonie Singidunum, der späteren Alba graeca des oströmischen Reiches. Die Serben nennen es Beograd, die Türken Dar-ul-Dschihad (Stätte des Religionskrieges), die Ungarn Nándor-Fejérvár.

Belgrad, am Einflusse der Save in die Donau, an deren rechten Ufern gelegen, besteht aus der Festung und der Stadt, zählt 5617 Häuser und 36.000 Einwohner, worunter 5000 österreichisch-ungarische Unterthanen sind.

**Die Festung** zerfällt in zwei Haupttheile: in die obere und in die untere oder Wasserfestung.

Die obere Festung liegt auf dem Belgrader Berge, einem $568m$ langen und ebenso breiten Kalkplateau von $47m$ relativer Höhe über dem Wasserspiegel, welches gegen die beiden Flüsse steil abfällt. Sie bildet ein Oblong, dessen lange Seiten $(380m)$ gegen Norden und Süden, und dessen kurze Seiten $(284m$ und $350m)$ gegen Westen und Osten gekehrt sind. Die Umfassung besteht aus einem einfachen

Walle mit Rondenweg, der an der Nordfront durch
eine freistehende Mauer ersetzt wird. Der Südfront
ist ein Hornwerk mit Ravelin vorgelegt.

Die obere Festung enthält nur wenige Gebäude,
so die Wohnung des Commandanten, eine Infanterie-
und eine Festungs-Artillerie-Caserne und einen Officiers-
Pavillon. An der Westfront befindet sich ein Brunnen,
zu dessen Wasserspiegel 300 Stufen hinabführen.
In dem Ravelingraben ist die Militär-Schiessstätte
errichtet. An Stelle der niedergerissenen Garnisons-
Moschee entdeckte man den Eingang zu einem unter-
irdischen, wahrscheinlich in die untere Festung führenden Gange.

Die untere oder Wasserfestung, zur
eigentlichen Bestreichung der Donau und Save erbaut, hat eine einfache Umwallung mit Graben; nur
die Ostfront ist hornwerkartig gebrochen und tritt,
etagenförmig ansteigend, mit der oberen Festung in
Verbindung. Die untere Festung umschliesst den
alten, dermalen ganz verschlammten und verfallenen
Hafen ein, der selbst bei Hochwasser kaum zu be-
nützen ist. In der unteren Festung befinden sich
noch zwei Infanterie-Casernen, ein von den Österreichern 1737—1739 erbautes Verpflegsmagazin
sammt Mühle und eine Zeugskammer.

Die in früherer Zeit bestandene bastionirte Umfassung der Stadt, ist in Folge Erweiterung der letzteren grösstentheils verschwunden.

**Die Stadt.** Zu Füssen der oberen Festung, von
einem Ufer zum andern reichend und durch einen
parkartigen Raum, den Kali Megdan (ehemals das
Glacis), getrennt, breitet sich die Stadt Belgrad aus,
welche in der letzteren Zeit einen grossartigen Auf-

schwung nahm, vielfache Erweiterungen und Verschönerungen erfuhr.

Die Stadt ist in sechs Quarticre eingetheilt, und zwar:

**I.** **Varoš,** zunächst der Festung auf dem Platcau, mit der Kathcdrale, der Stadthaus-Präfectur, der Hochschule und den bedeutendsten Gasthäusern. Grosscr Platz, Theater, Fürst Michael-Monument, Post- und Telegraphenamt.

**II.** **Terazija,** auf dem Plateau, die Fortsetzung von Varoški - Quartier, mit dem königlichen Palais, den Ministerien des Innern und Äussern, der Justiz, des Unterrichtes und des Krieges, der österreichisch-ungarischen Gesandtschaft und dem Consulate; weiters befinden sich hier die Garnisonskirche, das Abgeordnetenhaus, der grüne Platz und Viehplatz, massive Gebäude, schöne, breite Gassen mit Kastanien-Alleen.

**III.** **Sava mala** oder Savski kraj, zunächst der Festung an der Save-Seite. Landungsplatz der Schiffe, Lagerhäuser, Zollamt, enge Gassen mit türkischem Gepräge und dem denkbar schlechtesten Pflaster. — Russische und griechische Gesandtschaft.

**IV.** **Vračar,** an der Save- und Topčider-Seite. Villenartige, bequeme Familienhäuser mit grossen Gärten. Finanz-, Bautcn- und Handclsministerium, Cavallerie-, Artillerie- und Infanterie-Casernen, Militär-Akademie, Militär-Spital, Exercirplatz, deutsche und englische Gesandtschaft.

**V.** **Palilula** an der Donau-Seite. Italienische Gesandtschaft und Consulat, Palilula-Platz, Friedhöfc, königliche Stallung, Civil-Spital, Pionnier-Caserne, Pionnier-Übungsplatz.

**VI. Dortjol oder Dunavski kraj,** zunächst der Festung
auf der Donau-Seite, ehemalige Türkenstadt, Juden-
viertel mit den Ruinen des Prinz Eugen-Palais. Im
neu erbauten Theile, zunächst dem Theater, befindet
sich die französische, rumänische und türkische Gesandtschaft.

Ausser der Kathedrale besitzt Belgrad noch
4 Kirchen, und zwar: Sv. Marko, Voznesenska (Garnisonskirche), Sv. Alexandra-Newski und Sv. Natalia,
dann die evangelische und die k. u. k. Gesandtschafts-
Capelle, endlich eine Synagoge.

An wissenschaftlichen und Bildungsanstalten
bestehen in Belgrad: 1 Militär-Akademie, 1 Hochschule, 1 theologisches Seminar, 1 Lehrer-Seminar,
1 Gymnasium, 2 Untergymnasien, 1 Realschule,
1 höhere Töchterschule, 1 Handelsschule, 16 Nor-
malschulen, 1 evangelische, 1 katholische (österr.-
ungar.) und 1 jüdische Normalschule. Ausserdem
existirt 1 gelehrte Gesellschaft, 1 landwirthschaft-
liche Gesellschaft und mehrere Vereine, 1 National-
Bibliothek mit 25.000 Bänden, 1 National-Museum,
2 Bierbrauereien, worunter jene des Weiffert im
grossen Massstabe angelegt ist und bedeutenden
Export hat.

**Die Umgebung.** Auf dem südlichen Rande des
vom Vračar-Berge gebildeten Plateau's bestehen noch
immer die im Jahre 1717 erbauten Eugen'schen
Linien (in Serbien auch Loudon-Schanzen genannt),
welche 1000 Schritt von der Save entfernt beginnen
und von der Kragujevacer Strasse in einer fast
geraden, 6000 Schritt langen Linie längs des Plateau-
randes nach Osten ziehen, dann aber, rechtwinkelig
gebrochen, 3000 Schritt weit dem Bergrande folgen

und endlich an die Donau zurückbiegen. Im Jahre 1789 wurden diese Linien von Loudon durch Redouten verstärkt, welche im Allgemeinen noch ziemlich gut erhalten sind.

Eine Stunde südwestlich von Belgrad liegt der königliche Park Topčider mit der einstigen Residenz des Fürsten Miloš, der hier am 26. September 1860 starb. Ausser diesem Konak, in welchem Erinnerungen an den grossen Fürsten gezeigt werden, bestehen noch eine Kirche, Officierswohnungen, Caserne und eine Strafanstalt. Der Park, in dessen Mitte der mehrmals überbrückte Topčider-Bach fliesst, ist der beliebteste Ausflug der Belgrader Welt. Im Thiergarten (Košutnjak), Jagdrevier des Königs, wurde am 10. Juni 1868 Fürst Michael meuchlings ermordet. Im Jahre 1820 tagte hier die erste und grösste Skupschtina, zu welcher auch der Sultan seinen Delegirten schickte, und 1868 jene, welche den gegenwärtigen König Milan I. zum Fürsten ausrief. Der Obelisk, welcher am linken Topčider-Ufer nahe an der Berglehne steht, wurde 1865 zur Feier der Befreiung Serbiens errichtet und an diesem Tage auch der Takowo-Orden, jedoch nur mit einer Classe, der jetzigen fünften, gegründet. Der Topčider ist Staatsgut.

Vor ihrer Einmündung in die Donau bildet die Save die grosse und kleine Z i g e u n e r - I n s e l; an der Einmündung selbst liegen die grosse und kleine K r i e g s - I n s e l.

Ungefähr 2 Stunden südlich von Belgrad erhebt sich der erzreiche und bewaldete Avala-Berg (528 $m$) mit Ruinen aus der Türkenzeit; beliebter Ausflugsort, prachtvolle, sehr weite Übersicht.

## II. Historisches.

Die Lage Belgrads an der kürzesten Hauptverkehrslinie zwischen Orient und Occident und an der mächtigen Wasserlinie, der Donau, verlieh diesem Orte eine grosse Wichtigkeit und machte ihn zum begehrlichen Objecte der angrenzenden oder an die Donau vordringenden Völker. So sehen wir schon die Römer, den Werth des Punktes wohl erkennend, hier ein Standlager und die Colonie Singidunum errichten. Später besassen die Gepiden, Hunen und Avaren, dann das byzantinische Kaiserthum, abwechselnd diesen wichtigen Ort. 1127 eroberte und zerstörte König Stephan II. von Ungarn Belgrad, das, kaum von dem Kaiser Comnenus wieder aufgebaut, im Jahre 1152 von dem bosnischen Banus Belusch unterworfen, aber sofort wieder geräumt wurde, als der Kaiser Manuel herannahte. Der grossen Heeresstrasse folgend, führte hier 1189 Kaiser Friedrich der Rothbart auf seinem Zuge nach dem heiligen Lande die Kreuzfahrer über den Save-Strom. In den Jahren 1241 und 1242 wurde Serbien von den Mongolen verheert. Nach dem Falle des griechischen Kaiserthums und nach der blutigen, Serbiens Unabhängigkeit vernichtenden Schlacht auf dem Amselfelde, am 15. Juni 1389, drangen die Osmanen erobernd gegen die Donau vor. König Sigismund von Ungarn, die nahe Gefahr erkennend, tauschte im Jahre 1433 Belgrad von dem serbischen Fürsten Georg Branković gegen Besitzungen in Ungarn ein und liess die Stadt stark befestigen. Sechs Jahre später erschien denn auch Murad II. vor den Wällen Belgrads, musste aber unverrichteter Dinge abziehen.

Ein im nächsten Jahre wiederholter Angriff, ferner der Ansturm, den Sultan Muhamed II. im Jahre 1456 mit 150.000 Mann, 200 Schiffen und 300 Kanonen auf Belgrad unternahm, wurde durch die glänzenden Siege Johann Hunyady's vereitelt. Dreimal hatte sich schon die Hochflut osmanischer Eroberungsgelüste an den stolzen Wällen Belgrads, dieser „Vorwacht abendländischer Cultur" gebrochen, als sie endlich auch dieses Bollwerk zum Falle bringen sollte. Am 29. August 1521 ergab sich nämlich Belgrad nach 60tägiger Belagerung an Sultan Soliman II. Die tapferen Vertheidiger, welche 20 Stürme abgeschlagen hatten, wurden meuchlings niedergemacht, die Einwohner (Raiczen) aber an den Bosporus verpflanzt, wo sie bei Konstantinopel das Dorf Belgrad erbauten. Durch 167 Jahre blieb nun Belgrad im ungestörten Besitze der Osmanen. Es war der 6. September 1688 als der Kurfürst Max Emanuel von Bayern an der Spitze von 53.000 Mann kaiserlicher Truppen die Festung erstürmte und so an die denkwürdigen Siege bei Wien, Ofen und am Berge Harsány die Eroberung Belgrads knüpfte. Leider nur kurze Zeit sollte indess das Kreuz über den Halbmond triumphiren, denn schon am 1. November 1690 bemächtigte sich der Grossvezier Mustapha Köprili, nach energisch geführter Belagerung, wieder der Festung.

Die Schlacht bei Belgrad am 16. August 1717. Prinz Eugen, welcher mit 60.000 Mann im Lager bei Peterwardein stand, hatte beschlossen, den Feldzug mit der Belagerung Belgrads zu beginnen. Am 16. Juni überschritt die Armee bei Pancsova auf einer Schiffbrücke die Donau und lagerte sich auf den Höhen von Vračar

im Halbkreise um die Festung. Unverweilt begann
der Bau von Contra- und Circumvallationslinien.
Am 1. August erschien das 120.000 Mann starke
türkische Entsatzheer vor dem Lager der Kaiserlichen und begann sofort mit Laufgräben gegen die
Verschanzungen vorzugehen. Die kaiserliche Armee,
auf allen Seiten eingeschlossen, befand sich in einer
sehr schwierigen Lage, die durch eingerissene Krankheiten noch verschlimmert wurde. Prinz Eugen beschloss, dieser Situation ein Ende zu machen und
die Türken am 16. August anzugreifen. In der Nacht
auf den 16. verliess die Armee in aller Stille das
Lager und stellte sich vor den Verschanzungen auf,
die Infanterie im Centrum, die Cavallerie auf den
Flügeln, Alles in zwei Treffen gegliedert. Ein Theil
des Heeres war zum Schutze des Lagers zurückge-
blieben. Nach der Disposition sollte die Cavallerie
die türkischen Tranchéen in Flanke und Rücken
anfallen, während die Infanterie dieselben gleichzeitig in der Front anzugreifen hatte. Ein dichter
Nebel verhüllte die ganze Gegend, als die kaiserliche Armee ihre Vorrückung begann. Die Cavallerie
des rechten Flügels, unter Feldmarschall Graf Pálffy,
überfiel die Türken, warf sie aus den Laufgräben
und entwickelte sich nun in Flanke und Rücken der
Tranchéen. Die Reiterei des linken Flügels, unter
General Graf Montecuccoli, war infolge des Nebels
zu weit rechts abgebogen und wurde nun von der
türkischen Cavallerie heftig angegriffen. Auch das
erste Infanterie-Treffen hatte die Direction verloren.
Als um 8 Uhr Morgens der Nebel fiel, sah Prinz
Eugen, dass Janitscharen sich in eine im Centrum
des ersten Treffens der Infanterie entstandene Lücke

eingekeilt hatten und dass die Cavallerie des linken Flügels von der feindlichen umgangen war. Die Situation war sehr kritisch, doch Prinz Eugen vertraute auf die Tapferkeit seiner sieggewohnten Truppen. Persönlich führte er sechs Bataillone aus dem zweiten Treffen zum Gegenangriffe vor und warf die Janitscharen zurück. Gleichzeitig hatte die kaiserliche Cavallerie die türkische in Front und Flanke angegriffen und über den Haufen geworfen. Die Türken flohen nach allen Richtungen. Um $^1/_2$10 Uhr Vormittag war diese denkwürdige Schlacht beendet, in der 40.000 Kaiserliche über 120.000 Türken einen glänzenden Sieg erfochten hatten. Freilich waren sie auch von einem Prinz Eugen geführt worden! Am 18. August capitulirte Belgrad mit 30.000 Mann und 395 Kanonen.

Zweiundzwanzig Jahre blieb nun Belgrad in dem Besitze Österreichs, und zwar bis zum 18. September 1739.

Nach der Schlacht bei Grocka, am 22. Juli 1739, hatte sich Feldmarschall Graf Wallis mit der Armee hinter die Donau zurückgezogen, Belgrad seinem Schicksale überlassend, das nun von den Türken eingeschlossen wurde. Trotz des siegreichen Treffens bei Pancsova, am 30. Juli, wurden mit dem Gegner Unterhandlungen angeknüpft, die in wenig rühmenswerther Weise geführt wurden.

Am 18. September 1739 wurde Belgrad übergeben, doch mussten die Werke geschleift werden.

Noch einmal sollten die kaiserlichen Krieger in Belgrad einziehen, noch einmal sollte das kaiserliche Banner auf den Wällen der Festung wehen, um dann für lange dem Halbmonde Platz zu machen.

Am 17. September 1789 erschien Feldmarschall Loudon mit 85.000 Mann vor Belgrad und lagerte innerhalb der Eugen'schen Linien. Am folgenden Tage wurden die Laufgräben eröffnet und am 30. die Vorstädte mit Sturm genommen. Am 8. October capitulirte Belgrad gegen freien Abzug der Besatzung. 455 Kanonen, 65 Schiffe und 6000 Zentner Pulver fielen in die Hände des Siegers.

Im Frieden von Sistovo, 4. August 1791, wurde Belgrad wieder an die Pforte abgetreten.

Im Jahre 1801 bemächtigten sich die Dahien (zurückgekehrte vertriebene Janitscharen) der Herrschaft. Der unerträgliche Druck, den diese auf das serbische Volk ausübten, brachte dieses zur Empörung. Am 16. März 1804 schlossen die aufständischen Serben unter Karageorgević Belgrad ein. Durch Hinrichtung der Dahien gelang es der Pforte, die Serben anscheinend zu beruhigen; aber die Bewegung nahm immer grössere Dimensionen an. Am 20. Mai 1806 erschien Karageorgević mit 20.000 Serben und 66 Kanonen vor Belgrad und eröffnete die Laufgräben. Nach drei vergeblichen Versuchen erstürmten die Serben am 30. November die Stadt. Einen Monat später capitulirte auch die obere Festung.

Infolge des Bukarester Friedens vom 28. Mai 1812 mussten die Serben, von den Russen im Stich gelassen, Belgrad räumen, welches am 21. September 1813 wieder von den Türken besetzt wurde.

Jetzt begann der grosse Befreiungskampf der Serben unter Miloš Obrenović, der durch 16 Jahre, bis 1831, in welchem Jahre die Pforte dem Miloš Obrenović die erbliche Fürstenwürde zuerkannte, dauerte. Die gespannten Verhältnisse zwischen der serbischen und türkischen Bevölkerung führten am 15. Juni 1862 einen blutigen Zusammenstoss herbei. Die türkischen Einwohner wurden vertrieben, was die Beschiessung der Stadt aus der oberen Festung zur Folge hatte.

Bis 6. Mai 1867 hielt eine türkische Garnison Belgrad besetzt. An diesem Tage zogen die Serben in die Festung ein, doch musste fortan neben der serbischen auch die türkische Flagge gehisst werden.

Im Berliner Frieden vom 13. Juli 1878 bekam Serbien endlich seine volle Unabhängigkeit, welche durch die Erhebung des jungen Staates zum Königreiche am 6. März 1882, erst die volle Weihe erhielt.